66 Freizeit-Tipps

nach dem Sachsenkönig Wittekind, einem bedeutenden Gegner Karls des Großen. Quer zu diesen Gebirgsrücken bahnte sich im Laufe von Jahrmillionen die Weser ihren Weg zum Meer – mit einschneidendem Ergebnis: Die Porta Westfalica entstand.

Interessante Zeugnisse der Geschichte begegnen Ihnen in dieser Gegend auf Schritt und Tritt. Die Dinosaurierspuren in Bad Essen-Barkhausen lassen auf beträchtliche Ausmaße der urweltlichen Bewohner schließen. An die berühmte Schlacht im Jahre 9 n. Chr. im Teutoburger Wald erinnern Museum und Park Kalkriese – hier soll die Auseinandersetzung zwischen Hermann dem Cherusker und dem römischen Feldherrn Varus stattgefunden haben. Im Rathaus von Osnabrück wurde 1648 der protestantische Teil des Westfälischen Friedens festgeschrieben und damit dem Dreißigjährigen Krieg ein Ende gesetzt. Prächtige Residenzschlösser zeugen von der so genannten Weserrenaissance. Das Wasserschloss Brake in Lemgo und Schloss Neuhaus in Paderborn gehören zu den schönsten Beispielen. Aber auch die Geschichte und Lebenswelt der 'kleinen Leute' finden Sie in kurzweiliger Weise dokumentiert: zum einen im Archäologischen Freilichtmuseum Oerlinghausen, das mit dem Programm 'Archäologie zum Anfassen' neue Erkenntnisse vermittelt. Zum anderen versetzt Sie das Westfälische Freilichtmuseum Detmold in die Arbeitswelt vergangener Zeiten. Und im Museumsdorf Rahden erfahren Sie, woher der schöne Ausdruck "Geld auf die hohe Kante legen" stammt.
Was auch immer Sie im und um den Teutoburger Wald unternehmen, es wird Ihnen bestimmt gefallen.

Damme | Geheime Einblicke in die Natur

Dümmer-Museum
Götkers Hof 1,
März-Okt.
Di.-So. 10-18 Uhr

1 Der Naturpark Dümmer enthält manch verborgene Landschaftsschätze, die sich erst auf den zweiten Blick erschließen. Dazu gehören die vor ungefähr 200 000 Jahren entstandenen Dammer Berge, auch 'Dammer Schweiz' genannt. Beliebte Ausgangspunkte sind der Steigenberg im Südwesten oder der Mordkuhlenberg im Nordosten. Neben ausgedehnten Wäldern und stillen Wiesentälern liegt Ihnen bei klarem Wetter auch der Dümmer See sichtbar zu Füßen. Zwei Naturlehrpfade sind so landschaftsschonend wie möglich angelegt, die zugehörige Broschüre erhalten Sie bei den örtlichen Verwaltungsstellen – oder in den umliegenden Gasthäusern, wo auch die leibliche Stärkung nicht zu kurz kommt.

Lembruch | See unter Dach und Fach

2 Wo die B 51 dem See nahe kommt, liegt Lembruch mit seinen alten, reetgedeckten Fachwerkhäusern. Auch mit einem Reetdach geschmückt, aber viel jünger ist der weiße Bau des Dümmer-Museums, in dem der See und seine Niederung dargestellt sind. Hier treffen Sie alles an, was am, im oder auf dem Wasser kreucht und fleucht. Die Besonderheiten des international bedeutsamen Feuchtgebietes werden ebenso erklärt wie die Fischwelt des Dümmer. Ein weiterer Schwerpunkt ist die urgeschichtliche Abteilung: Sechs rund 4000 Jahre alte Siedlungen, sog. Huntedörfer, wurden in der Umgebung entdeckt. Das Museum gibt Ihnen einen Einblick in den Alltag dieser gar nicht so grauen Vorzeit.

Dümmer See | Weite Wasserwelt

3 Niedersachsens zweitgrößter Binnensee ist wirklich ein Vielzwecksee. Wenn Sie trittfest sind, können Sie sich dem Gewässer rundherum nähern – das sind rund 20 Kilometer Deichwanderung. Im Westen und Süden liegen Naturschutzgebiete mit großen Feuchtwiesenflächen und Röhrichtbeständen. Vor allem als Vogelfreund sind Sie hier richtig: Auf den Binneninseln brüten viele Arten, im Schilfgürtel nisten sogar Sumpfohreulen und Schilfrohrsänger. Am Ostufer mit dem Hafen geht es weniger geruhsam zu: Hier wird gesurft und gesegelt, gepaddelt und Boot gefahren und im maximal 1,50 Meter tiefen Wasser gebadet – für Wasserratten genau das Richtige. Das Hinterland lockt Naturbegeisterte mit den Dammer und Stemweder Bergen, mit Rotbuchenwäldern, Mooren und Niederungen, Bohlenwegen und Hünengräbern und seltenen Tier- und Pflanzenarten.

Rahden | Lernen Sie die "hohe Kante" kennen

4 Sie kennen aus dem Volksmund das Wort vom Geld, das man auf die "hohe Kante" legt. Wissen Sie auch, woher es kommt? Im Museumshof Rahden erfahren Sie, wie dieses löbliche Finanzgebaren möglich war: Am Bauern-Himmelbett sind oben verschließbare Fächer für Geld und Wertsachen angebracht – auf der "hohen Kante" eben. Auch sonst ist auf dem Museumshof Anschaulichkeit Trumpf. Rund ums Haupthaus von 1689 liegen Scheune, Schafstall, Bleichhütte und Backhaus. Gebäude von verschiedenen Gehöften aus dem Rahder Umland wurden hier wieder errichtet und mit altem Hausrat ausgestattet. Backtrog und Butterfass, Webstuhl und Dreschflegel stehen an ihrem üblichen Platz und werden – an mehreren Tagen im Jahr – wie eh und je genutzt. Schauen Sie zu beim Fertigen von Holzschuhen, beim Brotbacken oder beim Spinnen von Flachs und Wolle.

Museumshof Rahden
April-Sept. Di.-So. 9-18 Uhr, Okt.-März Di.-So. 9-17 Uhr

Rahden | Ein Stück Eisenbahn aus der Vergangenheit

5 Früher war Rahden ein bedeutender Eisenbahnknotenpunkt. Heute erinnert die Museums-Eisenbahn an die betriebsame Vergangenheit. Originalgetreu restaurierte Triebwagen und Wagons erwarten Sie für eine knapp einstündige Nostalgiefahrt zwischen Rahden und Uchte, darunter ein Schienenbus VT 798 und eine Diesellok Köf II. Außer sechs Betriebstagen im Sommerhalbjahr werden auch verschiedene Sonderfahrten durchgeführt. Vom Bahnhof Hahnenkamp-Rüter können Sie zum Großen Stein wandern, dem größten zur Zeit bekannten Findling in Norddeutschland. Sie können unterwegs sogar heiraten: In Lavelsloh-Diepenau wurde im historischen Bahnhof ein Trauzimmer eingerichtet.

Wagenfeld-Ströhen | Es war einmal ein Huhn ...

Naturtierpark Ströhen und Gestüt Ismer
Tierparkstr. 43, tgl. 9-19 Uhr

6 Der Besitz eines Huhns kann manchmal weit reichende Folgen haben. Ein Zwerghuhn war das erste Zuchttier von Landwirt Rolf Ismer im Jahr 1959. Heute tummeln sich rund um die alten Gebäude des altniedersächsischen Bauernhofes auf 30 ha Fläche Tiere aus allen Kontinenten: Tapire, Elefanten, Leoparden, Zwergflusspferde und Papageien finden Sie hier ebenso wie Tarpanpferde, Schneeeulen, Waschbären oder Mufflons. Natürliche Freianlagen und Gewässer links und rechts der Straße bieten den teilweise vom Aussterben bedrohten Tieren einen geschützten Lebensraum. Tägliche Vorstellungen der Tierkinderschule begeistern kleine und große Besucher.

Zum ganzjährig geöffneten Naturpark gehört auch ein international bedeutendes Vollblut-Arabergestüt. Beobachten Sie einmal, wie diese wunderschönen Tiere über die weiten Weiden galoppieren!

Kuppendorf | Heimliche Heide

7 Unbekannt ist sie, in der flachen Moorlandschaft fällt sie aus dem Rahmen – und doch ist sie eine Naturschönheit: die Böhrde. Hinter dieser recht nüchternen Bezeichnung verbirgt sich ein Höhenzug, den Sie sich näher anschauen sollten. Die Natur hat hier eine Miniatur der Lüneburger Heide geschaffen, eine reizvolle und vielfach unberührte Naturlandschaft. Ausgangspunkt für eine Wanderung ist der 'Heideparkplatz'. Fahren Sie über die B 61 nach Kuppendorf und biegen Sie hinter dem Gasthaus 'Zur Mühle' den zweiten Weg links ein.
Die Böhrde – das sind Kiefern und Birken, Wiesen und Wald und immer wieder kleine, mit Heide bewachsene Anhöhen mit Ausgucken ins Moor ringsum. Lassen Sie sich von Ihrem inneren Kompass führen, kreuz und quer. Denn auf den kilometerweiten weichen Sandwegen wird die Böhrde nie zur Bürde.

Bramsche-Kalkriese | Varus, gib mir die Legionen zurück!

8 Nach Berichten des römischen Schriftstellers Tacitus fand die Varusschlacht des Jahres 9 n. Chr. unweit des Teutoburger Waldes statt. Wo aber lag das Schlachtfeld wirklich?
An welchem Ort wurden die römischen Besatzer unter ihrem Befehlshaber Varus in einen Hinterhalt gelockt? In welchem Gebiet vernichtete Hermann der Cherusker drei römische Legionen? Seit 1989 belegen es Ausgrabungen: Die denkwürdige Schlacht fand in Kalkriese im Osnabrücker Land statt. Dort gibt es nun ein ungewöhnliches Museumsprojekt, in dessen Mittelpunkt das Erlebnis der Landschaft steht. Folgen Sie den Pfaden der Germanen oder der Marschroute der Römer. Besuchen Sie den Aussichtsturm und die Pavillons des Sehens, Hörens und Verstehens, damit Sie eine Vorstellung davon bekommen, was sich hier vor 2000 Jahren zugetragen hat.

Museum und Park Kalkriese
Venner Str. 69, tgl. 10-18 Uhr

Osnabrück | Friedenswerk-Stadt

9 Der politische und konfessionelle Kampf des 17. Jahrhunderts um die europäische Vorherrschaft ist als der Dreißigjährige Krieg in die Geschichte eingegangen. Osnabrück hat neben Münster ruhmvollen Anteil an der Beendigung dieses wenig ruhmvollen Kapitels der Geschichte. Der protestantische Teil des Westfälischen Friedens wurde am 6. August 1648 im Osnabrücker Rathaus festgeschrieben und auf seiner Freitreppe dem Volk verkündet. Das Gesicht des Verhandlungssaales blieb bis heute unverändert, auch elektrisches Licht fehlt nach wie vor. Den historisch bedeutsamen Ort können Sie jeden Sonntag um 10.30 Uhr im Rahmen einer Führung kennen lernen.

Wie wäre es danach mit einem Museumsbummel? Das nahe Diözesanmuseum birgt in seiner Domschatzkammer so manche Kostbarkeit. Sehenswert ist auch das Museum für Industriekultur in den Gebäuden und Anlagen der ehemaligen Steinkohlenzeche Piesberg. Am Zechenbahnhof laden heute restaurierte historische Eisenbahnen zur Besichtigung oder zu einer Bahnfahrt ein.

Diözesanmuseum und Domschatzkammer
Kleine Domfreiheit,
Di.-Fr. 10-13,
15-17 Uhr,
Sa. + So. 11-14 Uhr
Museum für Industriekultur
Süberweg 50a,
Mi.-So. 10-18 Uhr

Osnabrück | "Die Welt will Frieden"

10 "Man muss an die Zukunft glauben, an eine bessere Zukunft", so sprach im Jahre 1946 der in Osnabrück geborene Schriftsteller Erich Maria Remarque (1898–1970). Sein 1929 erschienener Roman "Im Westen nichts Neues" legte den Grundstein für seinen Weltruhm. 'Gegen den Krieg und für den Frieden', auf diesen klaren Nenner lässt sich Remarques umfangreiches Werk bringen. Er setzte sich in seinen Werken kritisch mit der deutschen Geschichte auseinander und zählt zu den meist gelesenen Auto-

Erich Maria Remarque-Friedenszentrum
Am Markt 6,
Di.-Fr. 10-13,
15-17 Uhr,
Sa. + So. 11-17 Uhr

ren des 20. Jahrhunderts. Seine Geburtsstadt versucht dem Rechnung zu tragen: Seit 1991 verleihen Stadt und Universität Osnabrück alle zwei Jahre den Erich Maria Remarque-Friedenspreis an belletristische, journalistische oder wissenschaftliche Arbeiten zum Thema Frieden.
Im Erich Maria Remarque-Friedenszentrum am Markt erhalten Sie in der Dauerausstellung 'Unabhängigkeit-Toleranz-Humor' einen umfassenden Einblick in Leben und Werk des Autors. Hier wird versucht, die Brüche, Widersprüche und Kontroversen im Leben Remarques zu verdeutlichen und ihre Wirkung für das Werk darzulegen.

Osnabrück | Museum und Mahnmal

Kulturgeschichtliches Museum/Felix-Nussbaum-Haus
Lotter Str. 2,
Di.-Fr. 11-18 Uhr,
Sa. + So. 10-18 Uhr

11 Ausstellungsort – aber auch Mahnmal gegen das Vergessen, so lautete die Konzeption für das Felix-Nussbaum-Haus: Ausstellungsort für die weltweit größte Sammlung der Werke von Felix Nussbaum, Mahnmal für die Ermordung des in Osnabrück geborenen und aufgewachsenen jüdischen Malers durch die Nationalsozialisten. Nach einem Entwurf des amerikanischen Architekten Daniel Libeskind erbaut, verbindet das außergewöhnliche Gebäude das Gedenken an die Zeit der Barbarei mit einem eindringlichen Auftrag für die Zukunft. Darüber hinaus versucht die Architektur die ständige Bewegung und Orientierungslosigkeit im Leben Felix Nussbaums zu symbolisieren. Dabei spielen die Stationen Osnabrück, Berlin, Brüssel und Auschwitz eine besondere Rolle. Und der Besucher ist – ob der leicht ansteigenden bzw. abfallenden Fußböden, schrägen Wänden und Fenster ohne rechten Winkel – ständig irritiert. Die Sammlung 'Felix Nussbaum ', seit 1999 der Öffentlichkeit zugänglich, umfasst heute mehr als 160 Exponate. Die Familienporträts, Selbstbildnisse, Städte- und Landschaftsansichten dokumentieren Nussbaums Suche nach einer figurativen Bildsprache. Seine Bilder sind so eindrucksvoll wie der architektonische Rahmen ringsum.

Osnabrück | Nicht nur Vögel baden gerne ...

Zoo Osnabrück
Klaus-Strick-Weg, tgl. 8-18.30 Uhr

12 Gleich hinter dem Eingang des idyllischen Waldzoos von Osnabrück erwarten Sie Flamingos, schöne subtropische Stelzvögel mit einem bezaubernden Federkleid. Rund 1800 Tiere fühlen sich im Waldzoo wohl – teils im Wasser und auf Felsen vor hügeliger Buchenwaldkulisse, teils unter Dach und Fach – so wie es den Boten aus allen Erdteilen gefällt. Neben Aquarium, Menschenaffenhaus, Bärenanlage und Raubtierbau ist das Südamerikahaus mit der Tropenhalle Hauptanziehungspunkt des Zoos. Pflanzen wie Bewohner kommen Ihnen dort fremdartig vor: der Ameisenbär in seiner sonderbaren Gestalt oder das Faultier mit seinen Zeitlupenbewegungen. Im Elefantenpark können Sie den Elefanten auch beim Baden zuschauen. Und welche Speisen Piranhas, Seelöwen oder Schimpansen bevorzugen, verrät Ihnen die Schaufütterung an Sonn- und Feiertagen.

Bissendorf-Schledehausen | Altehrwürdige Mauern

Wasserschloss Schelenburg
Burgweg 1, Mi. ab 14.30 Uhr, Do.-Sa. ab 11.30, So. ab 9.30 Uhr

13 Im Osnabrücker Land finden Sie mehr als 100 Bauwerke, die aus romanischer Zeit stammen. Eines dieser Bauwerke ist die Schelenburg, ein altehrwürdiges Wasserschloss. Die erste urkundliche Erwähnung stammt immerhin aus dem Jahre 1090. Der rechteckige Wohnturm wurde im 12. Jahrhundert errichtet. Zudem erhielt sie um 1530 einen Renaissanceanbau, der heute das Restaurant beherbergt. Die wesentliche Besonderheit besteht allerdings darin, dass die Burg Zeit ihres Bestehens nie verkauft oder gar zerstört wurde. Bummeln Sie einmal rund um den Burggraben der Schelenburg und genießen Sie den Anblick: Über 900 Jahre in Familienbesitz zu sein ist auch in 'Burgenkreisen' ungewöhnlich!

Preußisch Oldendorf | Stadt aus schmucken Dörfern

14 Preußisch Oldendorf ist ein anschauliches Beispiel dafür, wie durch die Vereinigung schmucker Dörfer eine schöne Stadt entsteht. Schauen Sie sich etwa den Ortsteil Offelten mit seinem geschlossenen Dorfbild an. Zu-Fuß-gehen ist hier beschlossene Sache – vorbei an Bilderbuch-Bauernhäusern. Barockes trägt der Ortsteil Lashorst bei: Schloss Hüffe können Sie zwar nicht besichtigen, doch der Bau ist auch von außen recht imposant, und der englisch anmutende Park steht Ihnen offen. Weit geöffnet ist das ehemalige Gut Hudenbeck in Holzhausen – als 'Haus des Gastes'. Spazieren Sie mit Muße durch den dazugehörigen spätbarocken Kurpark. Für Wasserratten empfiehlt sich der Weg über den Kurwanderweg zum beheizten Waldschwimmbad. Den besten Überblick haben Sie übrigens vom Wiehenturm aus. Dort stehen Sie nämlich am Anfang so mancher Wandermöglichkeit ...

Haus des Gastes Holzhausen
Hudenbeck 2,
tgl. 9-12,
14.30-17.30 Uhr

Preußisch Oldendorf | Wasser marsch ...

15 Die ehemalige Schule im Ortsteil Schröttinghausen, ein ländliches Kleinod aus dem Jahr 1862, beherbergt heute Schätze besonderer Art: Die zum Teil mehr als 400 Jahre alten Ausstellungsstücke werden seit über 25 Jahren mit viel Liebe präsentiert. Hier geht es um die historische Entwicklung des Feuerlöschwesens im ländlichen Raum. Dokumentiert wird mit der zuvor notwendigen Umgestaltung des Schulhauses und der anschließend erarbeiteten Ausstellung aber nicht nur, wie in vergangener Zeit dem 'Roten Hahn' zu Leibe gerückt wurde. Das Feuerwehrmuseum Preußisch Oldendorf ist auch ein Dokument der ehrenamtlichen Arbeit der heimischen Feuerwehr für das Gemeinwohl. Auch Kinder wird die im Sommerhalbjahr geöffnete Ausstellung kolossal begeistern. Und schließlich brauchen Feuerwehren auch Nachwuchs ...

Feuerwehrmuseum Schröttinghausen
Dahlinghauser Str. 5,
Mai-Sept.
So. 12.30-17 Uhr

Bad Essen-Barkhausen | Vorzeitlicher "Fußabtreter"

16 Als der Geologe Prof. Klüpfel im Jahre 1921 von Gießen in das Wiehengebirge auszog, um Eisenerzlagerstätten wissenschaftlich zu erkunden, stieß er auf ein in Europa einzigartiges Naturdenkmal: Dinosaurierfährten aus der Malmzeit. Vor rund 150 Mio. Jahren hinterließen Dinosaurier Trittspuren am Meeresufer. In jahrelanger Arbeit wurden die bis zu 20 cm tiefen versteinerten Fußstapfen mit einer beachtlichen Schrittlänge von fast anderthalb Metern freigelegt. Aus diesen Maßen schließen Forscher, dass die Barkhausener Dinosaurier rund 25 Meter lang waren! An der rund zehn Meter langen und sechs Meter hohen Felswand sehen Sie außer den Spuren frühen irdischen Lebens auch ein Stück Erdgeschichte: Dieses Land lag nämlich an der heutigen Nordsee. Geologische Verschiebungen haben seine 'Verlegung' ins Inland und die Drehung um fast 90 Grad bewirkt.

Rödinghausen | Auf Wittekinds Spuren

17 Dem streitbaren Sachsenherzog ist es zu verdanken: Wo er im 8. Jahrhundert umherzog, tragen heute 95 km seinen Namen – als Wittekindsweg auf dem Kamm des Wiehengebirges. Quellen und Kapellen, Wall- und Fluchtburgen sind nach ihm benannt. Die höchste Höhe – 320 Meter – erreicht der Wittekindsweg mit dem Heidbrink bei Lübbecke. Den wohl schönsten Blick haben Sie vom Aussichtsturm Nonnenstein bei Rödinghausen. Aus immer noch stattlichen 274 Metern Höhe sehen Sie bei guter Sicht den Dümmer liegen und ein schönes Stück des Wittekindsweges sowieso.
Falls Sie genug von der Höhenluft haben, wandern Sie doch in Rödinghausen an der 'Westfälischen Bauernhofroute' entlang: Typisch sind die verstreut liegende Gehöfte mit mehreren Gebäuden.

Melle | Landfein inmitten der Stadt

18 Typisch für den Grönegau, das Land zwischen Osnabrück und Melle, sind die spitzgiebeligen Fachwerkhäuser in ausdrucksvollem Schwarzweiß. Das Meller Grönegau-Museum, in einem Kornspeicher von 1771 und in einem Heuerlingshaus von 1655 untergebracht, zeigt Ihnen beachtliche volkskundliche Sammlungen, alte Gerätschaften und Textilien. Einmalig in Europa ist die so genannte Bifurkation beim Ortsteil Melle-Gesmold: Das Flüsschen Hase gabelt sich hier. Ein Teil fließt – unter dem gleichen Namen – nach Nordwesten weiter, der andere Teil mit Namen Else fließt östlich davon. Wie dieses äußerst seltene geografische Phänomen zu Stande kommt, ist bis heute ungeklärt.

Grönegau-Museum
Friedrich-Ludwig-Jahn-Str. 8-12,
April-Okt. Mi., Sa., So. 15.30-17.30 Uhr

Enger | Sagenhaftes und mehr ...

19 Im frühen Mittelalter kämpfte der Sachse Widukund – oder Wittekind – gegen Karl den Großen, gegen die Eingliederung in dessen fränkisches Reich und die damit einhergehende Christianisierung. Irgendwann änderte er gründlich seine Meinung, und alten Sagen zufolge soll er nach seiner Taufe in Enger gelebt haben und in der Stiftskirche begraben sein.

Knapp 1000 Jahre später machten sich die Preußen in der Gegend unbeliebt, indem sie sogenannte "Zwangs- oder Königsmühlen" errichten ließen, darunter auch die Liesbergmühle in Enger. Bei gutem Wetter betrug ihre Leistung immerhin zwischen sieben und acht Zentner Mehl pro Tag. Heute ist die Liesbergmühle ein technisches Denkmal und das Wahrzeichen von Enger.

Bünde | Deutschlands größte Zigarrenkiste

Deutsches Tabak- und Zigarrenmuseum,
Fünfhausenstr. 8-12,
Di.-So. 10-18 Uhr

20 Angefangen hat das alles mit dem jungen Töns Wellensiek, der nach Bremen ging, um die Kunst des Zigarrendrehens zu erlernen. Er kam schnell voran und stiftete viele Bünder dazu an, es ihm gleichzutun. Schon bald drehte sich in der Stadt alles um Zigarren. Daheim, in der Küche, an einem "Klavier" genannten Arbeitstisch, überrollten geübte Hände den geformten "Wickel" mit einem Decker aus Übersee. Selbst der Bürgermeister verdingte sich als 'Tabakologe', er gründete im Striedieckschen Hof ein Tabakmuseum. Hier können Sie starken und weniger starken Tobak sehen – und alles, was dazugehört. Das stärkste Stück ist die weltgrößte Zigarre: Gefertigt im Jahre 1937, misst sie 1,60 Meter und wiegt neun Kilogramm. Ein Leichtgewicht allerdings gegen die größte Tabakspfeife der Welt. Diese wurde 1967 von einem hiesigen Pfeifenmacher gestiftet, wiegt über drei Zentner, misst 3,65 Meter und fasst 23,3 Kilogramm Tabak. Mit Hilfe eines Lötkolbens und eines kräftigen Staubsaugers würde sie rund 600 Stunden lang brennen.

Bünde | Wie zu Großmutters Zeiten

Kreisheimatmuseum 'Striedieckshof',
Fünfhausenstr. 8-12,
Di.-So. 10-18 Uhr

21 Im Striedieckschen Hof, im Spieker, im Dammhaus und im Hurlbrinkschen Haus erwarten Sie großartige Zeugen der Vergangenheit: Wunderschöne alte Bauernschränke, massige Truhen und herrliche Himmelbetten mit der sprichwörtlichen 'hohen Kante' präsentieren sich hier im Rahmen einer Sammlung historischer Bauernmöbel. Diese alten Stücke aus kerniger Eiche zeichnen sich vor allem durch ein reiches Schnitzwerk und eine farbenfrohe Bemalung aus. Sie stammen überwiegend aus den zwischen Teutoburger Wald und Wiehengebirge gelegenen Landesteilen des einstigen preußischen

Territoriums Minden-Ravensberg. Besonderer Anziehungspunkt ist der kleine Krämerladen im Ackerbürgerhaus Hurlbrink. Treten Sie ein und reisen Sie in die Vergangenheit zurück. Erinnern Sie sich noch an die Zeit, als Zucker und Mehl offen abgewogen und in Tüten verpackt wurden? Erkennen Sie die mechanische Waage wieder mit ihren verschiedenen Gewichten oder die bunten Kisten und Schachteln mit all ihren Köstlichkeiten? Werfen Sie anschließend einen Blick in die benachbarte Küche, Stube und Kammer – versuchen Sie nachzuvollziehen, wie sich das Leben um 1900 abgespielt hat ...

Oberbauerschaft | Naturtheater

22 Gleich dreimal bildet das Wiehengebirge im Kreis von Minden und Lübbecke das Bühnenbild für ernstes und heiteres Theater unter freiem Himmel. Der erste grüne Vorhang gehört zur Freilichtbühne auf der 'Kahlen Wart' bei Oberbauerschaft. Regelmäßig wird hier von Juni bis August gespielt und gesungen. Dabei bieten die Bretter, die die Welt bedeuten, Bodenständiges: Stücke in plattdeutscher Mundart. Blumenbeete und Bäume dienen als Foyer, Fachwerkhäuser als Garderoben für die Künstler und als Treffpunkt für alle nach der Vorstellung. Ähnlich reizvoll ist die Kulisse der Naturbühne Nettelstedt am Nordhang des Wiehengebirges. Hier hat man Petrus vorgebeugt: Die Tribünen sind überdacht. Unterhalb des bekannten Kaiser-Wilhelm-Denkmals bei der Porta Westfalica spielt das Ensemble der Porta-Bühne, sonntags für die Jugend und samstags für die Erwachsenen.

Westfälische Mühlenstraße | Bunte Mühlenmischung

23 Rund 40 Mühlen erwarten Sie rechts und links des Mittellandkanals von Stemwede bis zum Schaumburger Wald – an der Westfälischen Mühlenstraße. Hier treffen Sie auf funktionstüchtige Mühlen unterschiedlichster Bauart, ein faszinierendes Stück Technikgeschichte, bezogen auf ein uraltes Handwerk. Alle Mühlen werden Sie kaum abklappern wollen. Konzentrieren Sie sich daher am besten auf diejenigen Mühlen, die im Sommerhalbjahr Bauernmärkte und Ausstellungen präsentieren oder Führungen und Mahl- und Backtage anbieten. Denn neben diesen Mühlen befinden sich oft alte Backhäuser, in deren Steinöfen wieder kräftiges Schrotbrot und der herkömmliche Platenkuchen gebacken wird. Übrigens ist nicht jede Mühle mit Wind zufrieden, wie die Mühle in Oberbauerschaft zeigt: Sechs Pferde hielten diese Rossmühle in Gang, damit der Flachs gebrochen wurde.

Hille | Bestechende Moorschönheit

24 Unternehmen Sie einmal eine Moorwanderung ins Urstromtal der Weser. Sie gehen dabei keinerlei Risiko ein, denn die Rundwanderwege sind gut gekennzeichnet. Ihr Auto stellen Sie am besten auf dem Parkplatz am Geestmoordamm südlich von Hille ab. Das "Große Torfmoor" ist das größte Hochmoorgebiet Westfalens. Natur- und Vogelfreunde können hier mit etwas Glück und Geduld Lungenenzian, Drachenwurz und Wassernabelkraut, Bekassinen, Moorfrösche und Sumpfohreulen entdecken.

Aber auch Besucher, die nicht mit einschlägigen Kenntnissen – vielleicht im Rahmen einer Führung – an diese Landschaft herangehen, werden sich der Faszination des Moors nicht entziehen können.

Minden-Dützen | Jeder Pott hat seinen Deckel

25 Wollten Sie schon immer mal Astronaut spielen? In Potts Park stehen 'Mondroller' für alle bereit, die – kopfüber, kopfunter – Schwerelosigkeit erleben wollen. Besuchen Sie auch die komplett eingerichtete Wohnung eines Riesen, wo sich die Tischkante ungefähr in Ihrer Nasenhöhe befindet. Hier werden Sie zum Winzling! Falls Sie eher zu den Eitlen im Lande gehören, empfiehlt sich ein Gang durch den Spiegeldom. Hier können Sie sich in mehr als einhundert Spiegeln tausendfach betrachten. Es zieht Sie eher zum nassen Element? Dann auf zur feuchtfröhlichen Schussfahrt – ein Heidenspaß. In Potts Park findet während des Sommerhalbjahres bestimmt jeder das für ihn passende Vergnügen!

Potts Park, Freizeit- und Erlebnispark
Bergkirchener Str. 99, April-Okt. tgl. 10-18 Uhr

Minden | Wo Schiffe über Schiffe fahren

26 In Minden steht ein echtes Wasserstraßenwunder: die weltgrößte Kreuzung zweier Großschifffahrtswege. Hier können Sie erleben, wie Schiffe ganz einfach über Schiffe hinwegfahren. In zwölf Metern Höhe verläuft der Mittellandkanal über dem Flussbett der Weser. Der hierfür benötigte 375 Meter lange Riesentrog aus Stahlbeton ist eines der größten Brückenbauwerke an Europas Binnenschifffahrtswegen. Und noch ein Mindener Superlativ: Die Fahrzeuge können sich nicht nur kreuzen – sie können auch das Fahrwasser wechseln. Raus aus dem oben gelegenen Kanal und rein in die darunter liegende Weser. Oder umgekehrt. Schauen Sie sich das ungewöhnliche Schauspiel an der Schachtschleuse an. Oder gehen Sie an Bord: Am eindrucksvollsten erleben Sie das Schleusen sicher auf einem Ausflugsschiff.

Schloss Bückeburg
Schlossplatz,
tgl. 9.30-18 Uhr

Bückeburg | Barocke Betrachtungen

27 Das einstige Residenzstädtchen, seit dem 12. Jahrhundert Sitz der Grafen und späteren Fürsten zu Schaumburg-Lippe, bietet blühendes Barock. Im 17. Jahrhundert ließ Fürst Ernst die nüchterne Hauptburg in ein prachtvolles Schloss umbauen. Auch die Schlosskapelle, das Schlosstor und die lutherische Kirche in der Stadt, in der einst Herder predigte, spiegeln seinen Geschmack. Schließen Sie sich einer Schlossführung an: Vor allem der 'Goldene Saal' mit der Götterpforte, ein mit Figuren aus der griechischen Mythologie üppig verziertes Prunkstück, und die schwere Kassettendecke werden Ihnen imponieren. Im Schlosspark wartet eine weitere Überraschung: Das von 1911 bis 1914 erbaute Mausoleum birgt eine schimmernde Kostbarkeit – eines der größten Goldmosaike Europas.

Bückeburg | Luftige Konstruktionen

Hubschraubermuseum
Sabléplatz,
tgl. 9-17 Uhr

28 Auf diesen Vorschlag werden Sie 'fliegen', führt er Sie doch ins erste Hubschraubermuseum der Welt, am 9. Juni 1971 eröffnet von Luftfahrtpionier Heinrich Focke. Die Ausstellungsstücke sind teils lufterprobte Veteranen, teils Luftblasen der Idee vom Fliegen, wie der Fahrradhubschrauber, die Experimentalausführung eines 'Fliegenden Jeeps' und auch die Konstruktion eines uhrwerkbetriebenen Helikopters, der – wenn die Zeit abgelaufen war – sanft mit dem Fallschirm zur Erde schweben sollte – eine ideenreiche (Bruch-) Landung. In der großen Ausstellungshalle sind seit 1980 über dreißig Hub- und Tragschrauber aus Ost und West zu sehen, dazu eine Dokumentation über Technik und Entwicklung.

Das Museums-Emblem zeigt übrigens die Helix-Spirale von Leonardo da Vinci aus dem Jahre 1483.

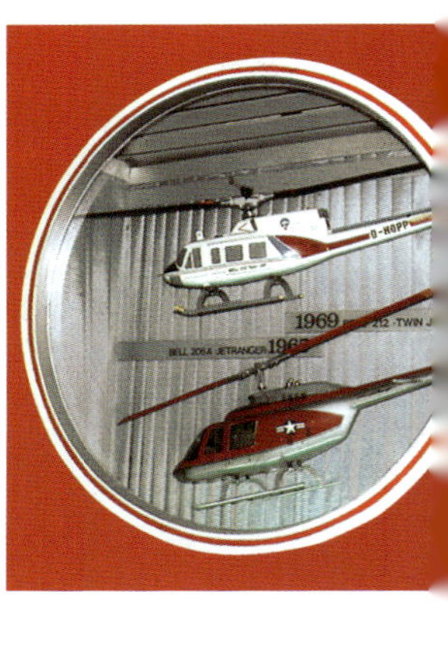

Porta Westfalica | Einschneidendes Ergebnis

29 Im Laufe der Jahrtausende hat sich die Weser zwischen Wiehen- und Wesergebirge ihren Weg Richtung Meer gebahnt und dabei einschneidende Wirkung erzielt: Die Porta Westfalica entstand. Der Name stammt allerdings nicht – wie man meinen könnte – aus römischer Zeit. Die Bezeichnung 'Tor' wurde vor allem für Talengen im Gebirge gebraucht. Und Ende des 18. Jh.s entwickelte die gebildete Bevölkerung eine Vorliebe für lateinische Bezeichnungen: Der Begriff "Porta Westfalica" ist also erst seit gut 200 Jahren gebräuchlich. Vom Parkplatz am Fernsehturm startet Ihre Erkundungstour: entweder schnell und umfassend – per Rundblick von der Aussichtsplattform des Turms – oder genüsslich: In rund 20 Minuten erreichen Sie die Porta-Kanzel mit dem 'hervorragendsten' Blick auf das 'Schnittmuster'. Und gegenüber grüßt das Kaiser-Wilhelm-Denkmal.

Barkhausen | Berühmt seit Kaisers Zeiten

30 Berge und Täler, Flüsse und Wälder haben schon immer die Fantasie der Menschen angeregt. Kommt – wie bei der Porta Westfalica – alles zusammen, sind gleich die höchsten Mächte im Spiel: Ein himmlisches Donnerwetter riss das Loch zwischen Wiehen- und Wesergebirge, nachdem der Teufel den alten Weserabfluss mit Felsen verstopft hatte ...

Der oft heiß umkämpfte Gebirgsdurchlass erhielt Ende des 19. Jahrhunderts ein friedliches, wenngleich bombastisches Mahnmal: das Kaiser-Wilhelm-Denkmal, ein 88 Meter hoher Baldachinbau. Von seiner höchsten Plattform blicken Sie weit ins Land, wie der ehern stehende Kaiser seit über 100 Jahren auch. Von hier führt der Wittekindsweg in 95 km nach Osnabrück. Wandern Sie ein Stück entlang, erreichen Sie nach einer halben Stunde die Wittekindsburg, die früher den Sachsen als Fluchtburg- und heute Ihnen als Berghotel dient.

Bad Oeynhausen | Oldtimer vor historischen Kulissen

Motortechnica
Weserstr. 225,
tgl. 9-18 Uhr

31 Wie aus einem Rad zwei wurden und aus einem einfachen Kettenantrieb ein richtiger Motor – das zeigt Ihnen das Oldtimer-Museum 'Motortechnica' in Bad Oeynhausen.

Die stürmische Entwicklung und wechselvolle Geschichte 'Vom Treten bis zum Tanken' veranschaulichen mobile Modelle aus allen Epochen. Insgesamt finden Sie hier weit über 400 Zweiräder und Autos, z.T. absolute Schrittmacher neuer Techniken, so das erste Tretkurbelrad von 1853, das Daimler-Reitrad von 1886, das allererste Auto – die Daimler-Motorkutsche, aber auch den Mercedes-Kaiserwagen von 1912 oder einen Bugatti von 1928, aufgereiht vor liebevoll gemalten historischen Kulissen. Historische Dampf- und Werkzeugmaschinen, eines der größten Modellbauschiffe der Welt, alte Schwimm- und Amphibienfahrzeuge, Dampfmaschinen und Flugzeuge – hier gibt es fast nichts, was es nicht mal gab.

Bad Oeynhausen | Es war einmal ...

Deutsches Märchen- und Wesersagenmuseum
Am Kurpark 3,
Mi.-So. 10-12,
14-17 Uhr

32 Spindel, Zaubernuss, Wichtelgeld und andere märchenhafte Dinge finden Sie im Deutschen Märchen- und Wesersagenmuseum. Die jahrhundertealten Figuren, die uns aus der Kinderzeit vertraut sind, werden aufgeblättert, Mythen, Märchen und Sagen in Büchern, Gemälden, Bilderbögen und Holzschnitten 'erzählt'. Und an jedem ersten Freitag im Monat sind Sie um 16.00 Uhr zur Märchenstunde eingeladen.

Vis-a-vis liegt der Kurpark, dessen Geschichte sich wie ein Märchen anhört: Bei der Suche nach Steinsalz stieß man zufällig auf eine Thermalquelle. So wohlig warm sprudelte es aus dem Bohrloch, dass die Arbeiter zunächst ein Vollbad nahmen, ehe sie weiterbohrten.

Löhne-Wittel | Vom Korn zum Brot

33 Im Wittekindsland ist die Vergangenheit lebendig geworden – im alten Mühlenhof im Ortsteil Wittel: die Rürupsmühle, das reetgedeckte Heuerlingshaus, die intakte Wassermühle und das dazugehörige Backhaus gruppieren sich malerisch um einen kleinen Teich. Die Rürupsmühle, 1587 erstmals urkundlich erwähnt, wird vom Mittelbach angetrieben. Außer dem oberschlächtig angetriebenen Wasserrad befinden sich in der Mühle auch die Müllerwohnung und eine Gesellenkammer. Das Bauernhaus Stork – ein niederdeutsches Hallenhaus mit offenem Herdfeuer ohne Schornstein (!) – wurde 1727 gezimmert. Heute dient eine Hälfte des Hauses als Herberge für Esel, Ziege und Hühner, die andere wurde eine gastliche Stätte: Besucher werden mit den leckeren Backwaren aus dem Backhaus Wiebesiek bewirtet. Außerdem zeigt man Ihnen dort kenntnis- und detailreich den Weg vom Korn zum Brot.

Mühlenhof Rürupsmühle
Vorführungen: jeden 1. + 3. Samstag im Monat 14-16 Uhr, Führungen: So. ab 14 Uhr

Kalletal-Varenholz | Seiltanz auf dem Wasser

34 Wählen Sie Ihre Geschwindigkeit so zwischen 30 und 60 Stundenkilometern, nehmen Sie das Seil fest in die Hand – und los geht es: Auf der 800 Meter langen Wasserskipiste im Schlosssee durchpflügen Sie mehr oder weniger rasant das Wasser, denn hier bringt Sie eine Seilbahnanlage richtig in Schwung. Nach dem Abseilen können Sie die nächste Seilschaft von der Restaurantterrasse aus beäugen. Oder Sie stürzen sich in eine ruhigere Attraktion des Weser-Freizeitzentrums, den Badesee – mit gemächlichen Tretbooten und einladendem Badestrand. Was halten Sie von einer Segeltour oder einem Kanuausflug? Für alles, was mit Wassersport zu tun hat, sind Sie hier richtig.

Wasserskianlage Kalletal
April-Okt. Di.-Fr. 12-19 Uhr, Sa. + So. 13-18 Uhr, Mo. ab 16 Uhr

Kalletal-Hohenhausen | Lipper Auslauf

Tierpark Kalletal
Dalbke 1,
tgl. 9.30-18 Uhr

35 Die Hügel und Wälder des Lipper Landes sind Tieren aus aller Welt zur zweiten Heimat geworden: im Tierpark Lipperland im romantischen Kalletal. In einer geglückten Kombination von Zoo und Freigehege leben Zwei- und Vierbeiner aus deutschen und fernen Landen in einer Art Vielvölkerstaat. Dromedare und Dingos, Luchse und Löwen, Paviane und Pelikane, Waschbären und Wildlamas leben hier friedlich unter einem Himmel. Einzigartiges erwartet Sie bei Meister Isegrim: Beobachten Sie die kanadischen Wölfe in vertrauter Partnerschaft mit ihrem menschlichen Freund. Bei dieser besonderen Tierschule macht den Wölfen die Zusammenarbeit mit ihrem 'Lehrer' ganz offensichtlich Vergnügen, sehr zum Staunen der Zuschauer.

Selber Hand anlegen dürfen Sie im Streichelzoo: Zwergziegen und Moorschnucken warten auf Sie – und auf Futter!

Bad Salzuflen | Muße ohne Muss

36 Salzuflen ist ein Bad, das nicht nur zum Baden verführt. Eines der größten Gradierwerke Deutschlands mit insgesamt über 400 Meter Länge lädt zum geruhsamen Durchatmen ein.

Dabei haben Sie genügend 'Auslauf', denn der gepflegte Kurpark mit seinen Thermalquellen hat einen urwüchsigen Nachbarn: den abwechslungsreichen Landschaftspark, der sich im Wald verliert. Beginnen Sie mit Ihrem Spaziergang in der Altstadt, die prächtige Fachwerkhäuser und eindrucksvolle Bürgerhäuser aufweist. Von der Fußgängerzone über die Kuranlagen mit Wandelhalle, Kurtheater und See führen (fast) alle Wege zum Wildgehege. Dahinter öffnet sich der Blick auf weite Wiesen. Bei Ihrer Wanderung haben Sie übrigens einen munteren 'Kurschatten' dabei, der sich auf getreuliche Begleitung versteht – die Salze.

Bad Salzuflen | Badesitten von anno dazumal

37 Die Salzufler Badegeschichte begann 1818 mit den ersten fünf Holzbadewannen im Pumpenturm der Fürstlich Lippischen Saline auf dem Salzhof. Falls Sie sich für die Geschichte des Badewesens interessieren: In einem schönen, alten Fachwerkhaus entstand Anfang der Achtzigerjahre des vorigen Jahrhunderts das Deutsche Bädermuseum als Neukonzeption mit einer permanenten Ausstellung über Geschichte und Gesundheitsmethoden der Heilbäder im deutschsprachigen Raum. Anhand von Originalgrafiken, Badesouvenirs und Badeutensilien führt Sie das Museum in die Vergangenheit zurück. Tauchen Sie ein in diese vielseitige Kultur- und Sozialgeschichte, erfreuen Sie sich an den schönen Bade- und Brunnengläsern und schmunzeln Sie über die Badesitten vergangener Zeiten.

Stadt- und Bädermuseum
Lange Str. 41, März-Nov. Di.-So. 10-12 + 14-17 Uhr, Führungen: Do. 15.30 Uhr

Lemgo | Bürger- oder Hexenmeister

38 Die alte Hansestadt Lemgo präsentiert in ihrem Kern viel 16. Jahrhundert: Hier drängen sich prächtige historische Häuser als Ausdruck frühen bürgerlichen Wohlstands. Im "Hexenbürgermeisterhaus" von 1571 allerdings, einem Schmuckstück der Stadt, wurde nicht immer zum Wohle der Bürger getagt. Hier hat sich einst Bürgermeister Cothmann den Ruf eines bösen Mannes erworben: Während seiner Amtszeit (1667 – 1683) erpresste er mit Daumen- und Beinschrauben, Maulsperre und Inquisitionsstuhl 'Geständnisse' von angeblichen Hexen – das Rathaus als Folterkammer! Ansonsten ist dieser Renaissancebau mit seiner freundlichen Fassade aber ein einladendes Haus. Einladend sollte auch das Haus des Malers und Architekten Karl Junker wirken, insbesondere auf seine Braut. Resultat: Sie heiratete einen anderen. Sehen Sie selber – und Sie werden verstehen, warum ...

Städtisches Museum Hexenbürgermeisterhaus
Breite Str. 19, Di.-So. 10-17 Uhr

Lemgo | Auf den Spuren einer Epoche

Weserrenaissance-Museum Schloss Brake
Di.-So. 10-18 Uhr

39 Auf der Basis einer der größten norddeutschen Burgen ließ ab 1589 Graf Simon VI. zur Lippe, Gesandter und Hofrat Kaiser Rudolfs II. in Prag, das Renaissanceschloss Brake errichten. Heute ist es passenderweise Sitz des Weserrenaissance-Museums. Die stattliche Vierflügelanlage stellt dem Besucher nicht nur die Architektur dieser Epoche zwischen Reformation und Dreißigjährigem Krieg dar, sondern zeigt auch Kunst und Kultur dieser Zeit – von bedeutsamen Werken der bildenden Kunst bis zu Beispielen der Alltagskultur, vom einfachen Teller der Weserregion bis zum dekorativen Silberpokal. Ein Blick auf die Überreste der hochmittelalterlichen Burg Brake oder in die beeindruckende Schlosskapelle lohnt sich unbedingt. Und der Turm bildet mit atemberaubenden Treppenanlagen sowie dem Privatgemach des Grafen im wahrsten Sinn des Wortes einen Höhepunkt.

Lemgo | Besuch in der Ölmühle

Ölmühle und Mühlenmuseum Schloss Brake
Finkenpforte 3, Sa. 14-17 Uhr, So. 12-17 Uhr

40 Die alte Ölmühle, in unmittelbarer Nachbarschaft zu Schloss Brake gelegen, gilt als einzigartiges Kulturdenkmal. Die Mühle wurde 1630 errichtet, 1805 ausgebaut, 1925 stillgelegt und blieb bis heute unverändert erhalten. Dies ist vor allem der Müllersfamilie Vietmeier zu verdanken: 1846 übernahm die Familie die Ölmühle, die Nachfahren führen seit 1927 interessierte Besucher durch die Anlage – und seit 1984 auch durch das Mühlenmuseum. Lassen Sie sich die alte Technik erklären: Die Rapssamen wurden unter zwei Steine geschüttet, die mit je 2500 kg Gewicht darüberrollten, die harten Schalen knackten und die Kerne zerquetschten. Der ölige Brei wurde dann erwärmt, zwischen warmen Wolltüchern in das Schlagwerk gepackt und unter hohem Druck ausgepresst. Bei gutem Wasserstand schlugen zwei Männer am Tag immerhin aus 500 kg Raps etwa 130 l Öl.

Extertal | Vielsaitiges Haus

41 Auf einem schroffen Bergsporn in 315 Meter Höhe steht eine Burg ganz im Zeichen der Musik: Burg Sternberg. Sie wurde um 1240 herum von den Sternberger Rittern erbaut und mehrfach belagert. In der zweiten Hälfte des 20. Jahrhunderts rettete der Instrumentenbauer Peter Harlan die Burg vor der Zerstörung und richtete dort eine Sammlung alter Musikinstrumente ein. Heute sorgt der 1990 gegründete Verein Musikburg Sternberg für die Fortführung der musikalischen Tradition. Die mittelalterliche Musikburg im lippischen Bergland gibt den idealen Rahmen zu außergewöhnlichen musikalischen Attraktionen und Aktivitäten: Ob Klassik, Klangtheater, Harfenbaukurs oder Küchenlieder und Moritaten – hier ist für jeden musikalischen Geschmack etwas dabei.

Musikburg Sternberg
Sternberger Str. 52, Burgcafé: Sa. 14-20 Uhr, So. 11-18 Uhr

Bad Iburg | Städtischer Höhepunkt

42 Ganz gleich, von welcher Seite Sie sich Bad Iburg nähern, am Fuß des Schlosses und Klosters treffen sich alle Wege. Die unübersehbare Anlage ließ Bischof Benno II. im 11. Jahrhundert auf Bad Iburgs höchstem Punkt errichten. Hier wurde 1668 die spätere erste preußische Königin und Großmutter von Friedrich dem Großen, Sophie Charlotte, geboren. Versäumen Sie auf keinen Fall eine Schlossführung: Sehenswert sind das Geburtszimmer von Sophie Charlotte, die Schloss- und die Klosterkirche, vor allem aber der historische Rittersaal, der heute für Konzerte genutzt wird. Schauen Sie dort auch nach oben: Das perspektivische Deckengemälde aus dem 17. Jahrhundert war das erste dieser Art nördlich der Alpen.

Schloss Bad Iburg
Schlossmuseum: Fr.-So. 14-17 Uhr, Rittersaal: Mai-Okt. Mo.-Do. 14-16 Uhr, Führungen: Fr., Sa., So. 15 Uhr

Bad Iburg | Läuten, schrillen, ticken, schlagen ...

Uhrenmuseum
Am Geografenhof 5, tgl. 10-18 Uhr

43 Hier erfahren Sie, in welch vielfältiger Art und Form die Stunde schlagen kann: Fast 800 Uhren hat Peter Taschenmacher seit über 25 Jahren zusammengetragen – und damit 300 Jahre Uhrengeschichte. Wundern Sie sich also nicht, wenn es im Bad Iburger Uhrenmuseum etwas eng zugeht. Schauen Sie sich um: Die Palette reicht von Kuriosem wie der künstlichen Erdbeertorte mit dem oben kreisenden Zeiger oder der Mittagskanonen-Sonnenuhr von 1800 bis zur kostbaren chinesischen Kaminuhr von 1940 oder nostalgischen Parkuhren aus den 1970er-Jahren, die für 15 Minuten Parkzeit gerade mal fünf Pfennige kassierten. Und um die Uhrzeit auf der größten Taschenuhr der Welt abzulesen, brauchen Sie sicher keine Brille: Der Durchmesser beträgt 1,80 m.

Borgholzhausen-Cleve | Stammburg für Landfrieden

44 Wie ein südlicher Festungspunkt erhebt sich auf dem Bergkamm oberhalb von Cleve die Ruine der Burg Ravensberg. Die mehr als 1000 Jahre alte Burg war keine Ritterburg, sondern eine von vier stark bewehrten, trutzigen Landesburgen, die den Besitz der Grafen von Ravensberg schützen und den Landfrieden garantieren sollten. Obwohl Stammburg des mittelalterlichen Grafengeschlechts, ist ihre Geschichte weniger in überprüfbaren historischen Daten als eher in lebendigen Erzählungen überliefert. Viele Sagen ranken sich um die Ravensburg und ihren 120 Meter tiefen Brunnen. Wenn Sie den mächtigen Turm besteigen, können Sie bei guter Fernsicht im Westen die Stadt Münster und im Südosten die Ausläufer des Sauerlandes erkennen. Eine Stärkung im ehemaligen Wohntrakt der Burg haben Sie sich nach dem Aufstieg über die 89 Treppenstufen jedenfalls verdient.

Bielefeld | Auf den Spuren der Geschichte ...

45 Im Mittelalter war es guter Brauch, bei Umzügen gleich das ganze Bauernhaus mitzunehmen. In dieser Tradition steht die Standortverlegung des Ummelner Hofes Meyer aus dem Jahr 1606 nach Bielefeld – so geschehen 1917 zur Gründung des Bauernhofmuseums. Hier wird das Leben auf dem Hof als komplexes Wirtschafts- und Sozialsystem präsentiert. Wie man im Industriezeitalter mit seinen erheblichen Auswirkungen auf Bielefeld und Umgebung gearbeitet und gelebt hat, erfahren Sie im Historischen Museum. Aber auch die schönen Künste und andere menschliche Leistungen finden Sie in der reichhaltigen Museumslandschaft, darunter die Kunsthalle Bielefeld, das Museum Huelsmann für Kunsthandwerk, das Naturkundemuseum oder die Historische Sammlung der Bodelschwingh'schen Anstalten Bethel, ein Museum zur Geschichte der Anstalten.

Bauernhofmuseum
Dornberger Str. 82,
Febr.-Dez.
Di.-Fr. 10-18 Uhr,
Sa. + So. 11-18 Uhr

Bielefeld | Hochsitz mit Tiefgang

46 Das Geschlecht derer von Ravensberg ist eng mit Bielefeld verbunden. Graf Hermann gründete die Stadt, Sohn Ludwig ließ um 1250 herum ihr Wahrzeichen erbauen, die Sparrenburg. Die Grafschaft Ravensberg fiel im 17. Jahrhundert an die brandenburgischen Kurfürsten, die die Burg aber im Laufe der Zeit verfallen ließen. Erst Mitte des 19. Jahrhunderts besann man sich auf dieses steinerne Erbe: Der zinnenbewehrte Turm wurde wieder errichtet, und Kaiser Wilhelm II. stiftete das Denkmal seines Vorfahren, des Großen Kurfürsten. Im Sommerhalbjahr können Sie vom Turm aus den weiten Ausblick genießen – und hinabsteigen in das weit verzweigte unterirdische Gangsystem. Falls es Sie gelüstet: Das rustikale Burgrestaurant bietet auch große Raubrittergelage an ...

Sparrenburg
April-Okt.
tgl. 10-18 Uhr,
Führungen:
tgl. 14.30 Uhr

Bielefeld | Höhenwege

47 Unter den 'fortgeschrittenen' Wanderern gehört der 156 km lange Hermannsweg – hin und wieder werden auch 170 km Länge angegeben – zu den schönsten Höhenwegen Deutschlands. Mit einem weißen H markiert, verläuft er von Rheine in der Münsterländer Bucht im Nordwesten über den Höhenrücken des Teutoburger Waldes Richtung Südosten bis zum Velmerstot und dem Eggegebirge. Im Raum Detmold ist er – bis zu seinem Übergang in den Eggeweg – Teilstrecke des Europäischen Fernwanderweges E 1.

Lassen Sie also die Stadt einmal hinter sich und machen Sie sich auf den Hermannsweg – z.B. zur Hünenburg mit dem in einer alten germanischen Wallburg errichteten Fernsehturm oder über die Sparrenburg zum auf 309 Meter Höhe errichteten Aussichtsturm Eiserner Anton. Ein Wandergenuss für Leib und Seele.

Oerlinghausen | Archäologie zum Anfassen

Archäologisches Freilichtmuseum Oerlinghausen
Am Barkhauser Berg, April-Okt. tgl. 9-18 Uhr, Führungen: So. 15 Uhr

48 Im Archäologischen Freilichtmuseum Oerlinghausen darf man nicht nur hinschauen, sondern auch richtig zufassen. Maßstabsgetreu nachgebaute Behausungen aus vor- und frühgeschichtlicher Zeit vermitteln einen ersten Eindruck, den Sie vertiefen können, indem Sie selbst Hand anlegen. Haben Sie schon einmal versucht, ohne Feuerzeug oder Streichhölzer ein Feuer in Gang zu bringen? Oder Fladenbrot auf heißen Steinen zu backen? Werfen Sie doch mal einen praktischen Blick in vergangene Zeiten.

Wenn Sie vom Museum aus zum ganz in der Nähe gelegenen Tönsberg wandern, präsentiert sich Ihnen in natura, was im Museum als Rekonstruktion dargeboten wird: die Überreste einer vorgeschichtlichen Befestigungsanlage mit deutlich erkennbaren Wällen und Gräben auf dem lang gestreckten Bergrücken.

Oerlinghausen | Vom Wind getragen

49 Bei Segelfliegern ist Oerlinghausen wohl bekannt – als einer der größten Segelflugplätze Europas mit rund 50 000 Starts und Landungen pro Jahr. Wer das faszinierende 'Kommen und Gehen' eines Segelflugplatzes beobachten oder gar – von einem Schlepper hochgezogen und dann nur noch vom Wind getragen – über die weiten Höhen und Wälder des Teutoburger Waldes schweben möchte, ist hier genau richtig. Das gilt ebenso für den Fall, dass Sie sich für die Luftsportvariante Ballonfahren interessieren: Hier können Sie sogar eine Ballonfahrerschule besuchen. Sie können sich aber auch auf das Mitfahren beschränken. Viele Möglichkeiten also, das Land aus der Vogelperspektive zu erleben.

Schloss Holte-Stukenbrock | Spannend entspannen

50 Der Safari- und Hollywoodpark Stukenbrock bietet die aufregende Tierwelt Afrikas und einen unterhaltsamen Vergnügungspark. Zur Safari fahren Sie mit dem gläsernen Express oder mit dem eigenen Auto – bei geschlossenen Türen und Fenstern! Im weiten Slalom geht es an den Wüstenkönigen, den Löwen, vorbei. Es folgt ein Abstecher nach Asien – mit einem Besuch bei den Tigern. Afrika grüßt mit Elefanten und Zebras, Antilopen, Nashörner und Giraffen – sie beschließen Ihre Safaritour.

Wer will, kann sich im Hollywoodpark richtig austoben: Fliegende Ölpumpe, Superrutsche, Kinder-Dschungel-Palast, Apfelkarussell, Wildwasserbahn, Giraffenturm und vieles andere mehr erwartet Sie täglich – den ganzen Sommer über.

Safari- und Hollywoodpark Stukenbrock
Mittweg 16, April-Juni + Sept. tgl. 9-18 Uhr, Juli + Aug. tgl. 9-20 Uhr

Detmold | Ein Graben – zwei Welten

Lippisches Landesmuseum
Ameide 4,
Di.-Fr. 10-18 Uhr,
Sa. + So. 11-18 Uhr

51 Beginnen Sie im Lippischen Landesmuseum, so gewinnen Sie einen Eindruck von der bäuerlichen und bürgerlichen Kultur der Gegend: von frühgeschichtlichen Funden über Handwerkszeuge und Trachten bis zu komplett eingerichteten Stuben in verschiedenen Stilen. Überm Graben drüben können Sie Ihre Stilbetrachtungen erweitern – im fürstlichen Residenzschloss. Hier wird höfische Wohnkultur mit teils einmaligen Kunstwerken geboten: die 300 Jahre alten flämischen Alexander-Gobelins, wertvolle Deckengemälde und Porzellan, altes Mobiliar und kunstvolle Öfen, dazu Jagdwaffen aus vier Jahrhunderten. Zwei unterschiedliche Lebenswelten – und beide allemal sehenswert.

Detmold | Machen Sie den Höfen den Hof

Westfälisches Freilichtmuseum Detmold
Krummes Haus,
April-Okt.
Di.-So. 9-18 Uhr

52 Im Westfälischen Freilichtmuseum können Sie Handwerkern über die Schulter schauen. Und der Frage nachgehen, wie die Menschen in früheren Jahren gewohnt und gearbeitet haben. Rund 100 Gebäude, verteilt auf zwei Dörfer und sechs Einzelhofanlagen, laden ein zur Spurensuche. In diesem Museum wird ausschließlich nach traditionellen Methoden gewerkelt, sei es das Töpfern in der alten, original wieder aufgebauten Landtöpferei oder das Schmieden in der historisch eingerichteten Dorfschmiede. Besonders eindrucksvoll ist die im alten Stil eingerichtete Backstube. Genießen Sie den Duft des frisch gebackenen Brotes – und kaufen Sie einen knusprigen Laib. Ein Streifzug durch alte Hohlwege, vorbei an Flachsfeldern und nach historischen Vorbildern angelegten Gärten lässt Erinnerungen an die eigene Kindheit wach werden ...

Detmold | Kupfer, Stein und Eisen

53 Sein ganzes Vermögen und viele Jahre seines Lebens hat der Architekt und Bildhauer Ernst von Bande einem Denkmal gewidmet. Zu Ehren des im Kampf mit den Römern gefallenen Cheruskerfürsten Arminius (= Hermann) schuf er aus Eisen, Kupfer und Sandstein ein mächtiges Monument von über 50 Metern Höhe. Werfen Sie vor dem Aufstieg zur 27 Meter hohen Aussichtsplattform unterhalb des hohlen, aber immerhin 76 Tonnen schweren Kolosses einen Blick in die so genannte Bandelhütte. Hier hatte der Architekt in den letzten Jahren der Bauarbeiten gewohnt. Begonnen wurden die Arbeiten im Jahr 1838 und fast 40 Jahre später, nämlich 1875, mit der Einweihung des Denkmals durch Kaiser Wilhelm I. beendet. Eine monumentale Erinnerung!

Detmold-Berlebeck | Natürlicher Flugbetrieb

54 Das hochfliegende Ziel ist in Berlebeck schon lange erreicht: Eine der größten und ältesten Adlerwarten Europas sorgt dafür, dass die Greifvögel dieses Kontinents nicht noch mehr Federn lassen müssen. Hier wird alles getan, um die fliegende Naturschutztruppe am Leben zu erhalten. Angewöhnungsstationen und spezielle Bruttechniken lassen die Bestandskurve der schönen Greife wieder ansteigen. Besser als bei Freiflugdemonstrationen können Sie Adler, Geier oder Falken nicht beobachten.

Kleinere und kleinste Fluggenossen, frei fliegende Papageien und bunte Sittiche aus allen Kontinenten, erwarten Sie im Vogelpark Heiligenkirchen. Im Sommerhalbjahr bietet sich dort fast täglich die Gelegenheit, dem gefiederten Nachwuchs bei der Fütterung zuzusehen.

Adlerwarte Berlebeck
Adlerweg 13-15,
März-Nov.
tgl. 9.30-17.30 Uhr,
Freiflugprogramm:
11 + 15 Uhr,
Nov.-Febr. Führungen:
tgl. 10-16 Uhr
Vogelpark Heiligenkirchen
Ostertalstr. 1,
März-Okt.
tgl. 9-18 Uhr

Horn-Bad Meinberg | Durch und durch ein Wald von Welt

55 Es beginnt gleich auf Asiatisch mit japanischer Lärche und Kirsche, mit Weiß- und Schirmtanne. Die Importe von der Insel Hondo bilden die erste von insgesamt 14 Stationen im Länderwaldpark 'Silvaticum'. Aus dem Mississippi-Gebiet hat es Sumpfzypressen hierher verschlagen, Oberitaliens Beiträge bestehen u.a. aus Esskastanien und Walnussbäumen, für den chinesischen Einschlag sorgen Schnur- und Urweltmammutbaum, auch die USA sind hier vielfach verwurzelt. Wandern Sie durch rund 40 ha Wald mit etwa 100 Arten winterfester Gehölze aus den drei Kontinenten Europa, Amerika und Asien. Und wandern Sie dann weiter: z.B. zum Norderteich, auch Lippisches Meer genannt. Im 12. Jahrhundert haben Mönche aus Paderborn aus diesem See ihren Bedarf an Karpfen gedeckt. Heute zwitschern hier seltene und geschützte Vogelarten.

Horn-Bad Meinberg | Beweise erwünscht

56 Zwei Kilometer von Horn entfernt hat der Teutoburger Wald sich selbst sein schönstes (Natur-)Denkmal gesetzt: die Externsteine im Ortsteil Holzhausen. Geologisch ist die Gruppe der fünf 30 bis 38 Meter hohen Sandsteinfelsen ein klarer Fall: In der Kreidezeit, als das Meer noch weite Teile dieses Gebietes bedeckte, hat sich durch Verschiebungen der Meeresboden gehoben, was u.a. zu gebirgsartigen Erhebungen führte. Deutlich sind Spuren von Menschen an den Felsen zu finden – über ihre Herkunft gibt es zahlreiche Deutungsversuche. So lässt vieles auf ein frühes Heiligtum schließen, etwa zwei in Stein gehauene Kapellen und ein monumentales Steinrelief mit der Kreuzabnahme Christi. Über Treppen und Brücken können Sie die Felsen auch besteigen und den schönen Ausblick auf Wald und Wiesen genießen.

Horn-Bad Meinberg-Leopoldstal | Landschaftlicher Silbersegen

57 Voller Hoffnung schlossen sich einst Leute zusammen, um in diesem Bachtal der Erde ihre Schätze abzutrotzen. Doch die Ausbeute war vergleichsweise gering, und das heftig ausgebrochene Silberfieber legte sich so schnell, wie es gekommen war. Von nun an schmückte nur noch das Wort den Ort: Der Bach wurde zum Silberbach, das Tal zum Silberbachtal und die Mühle zur Silbermühle. Die heutige Anziehungskraft beruht auf der idyllischen Lage und der romantischen Gegend. Wer Ruhe und Erholung sucht, ist hier genau richtig. Schlendern Sie gemütlich am Silberbach entlang, von der Silber- zur Kattenmühle, und lassen Sie die Hektik des Alltags einfach mal hinter sich.

Altenbeken | Eiserner Bestand

Egge-Museum
Alter Kirchweg 11,
Mai-Okt. Di.-Do.
14.30-16.30 Uhr

58 Seit Jahrhunderten haben die Altenbekener einen Hang zum Eisen. Heute gehören Eisenerzförderung, Verhüttung und Hammerschmieden zum alten Eisen. Ebenso deren Erzeugnisse: vorwiegend Öfen. Was damals überall für warme Stuben sorgte, ziert heute das Egge-Museum: eine sehenswerte Sammlung von Rund- und Säulenöfen, Hinterladern und Ofenplatten. Die alte Lokomotive der Baureihe 044 vor dem Haus deutet auf eine zweite Museumsabteilung hin, nämlich die Eisenbahngeschichte von Altenbeken als früherem Eisenbahnknotenpunkt.

Zwei weitere Dinge müssen – aus Platzgründen – eisern draußen bleiben: der Viadukt, rund 30 Meter hoch und 500 Meter lang, und der Eisenbahntunnel aus der frühen Altenbekener Eisenzeit. Für eiserne Wanderer hingegen empfehlen sich 72 km Eggeweg.

Bad Driburg | Grüne Kreise ziehen

Kristallglas-Manufaktur 'Ruhland'
Lange Str. 127,
Mo.-Sa. 9.30-12,
13.30-18 Uhr,
So. 13.30-17 Uhr

59 Von allen Seiten zieht sich das Eggegebirge bis an Bad Driburg heran. Wandern Sie einmal auf dieser 'grünen Stadtmauer' um das Städtchen herum: Am einfachsten geht das auf dem 18 km langen 'Sachsenring'. Von diesem Rundwanderweg lohnt sich ein Abstecher zur Ruine Iburg. Diese geschichtsträchtige Stätte war erst Kloster, später Ritterburg und Sachsenfeste, bis sie 1444 einer Fehde zum Opfer fiel. Heute können Sie sich hier in der "Sachsenklause" für den weiteren Weg stärken. Auf schönen Waldwegen geht es über Trappistenhof und Sülburg zurück zum Kurpark. Zerbrechliche Kostbarkeiten finden Sie in den beiden Schauglashütten – seit dem 15. Jahrhundert ist die Glasindustrie hier heimisch.

Paderborn | Vom Dom, der durch viele Feuer ging

Erzbischöfliches Diözesanmuseum
Markt 17,
Di.-So. 10-18 Uhr

60 Drei Feuer im Laufe von zwei Jahrhunderten haben den Dom von Paderborn dreimal in Schutt und Asche gelegt. Was Sie hier sehen, ist Dom Nr. 4. Er stammt im Wesentlichen aus dem 13. Jahrhundert und wurde später kunstvoll ausgestattet. Sehenswert ist der reiche Figurenschmuck der Portale, unübersehbar das gewaltige Grabmal des Fürstbischofs Dietrich von Fürstenberg. Besonders auffallen wird Ihnen das so genannte Hasenfenster aus dem 16. Jahrhundert im Kreuzgang: Drei Hasen haben je zwei, zusammen aber nur drei Ohren ...

Besuchen Sie bei Ihrem Rundgang auch das Diözesan-Museum mit der berühmten Madonna Bischof Imads. Noch Älteres liegt Ihnen in Form der freigelegten karolingischen Kaiserpfalz zu Füßen, daneben – wieder aufgebaut – die ottonische. Und in der Nähe des Domes entspringt aus über 200 Quellen die Pader – Deutschlands kürzester Fluss.

Paderborn |
Zwischen gestern, heute und morgen

61 Schloss Neuhaus, die ehemalige Residenz der Paderborner Fürstbischöfe, gehört zu den größten Wasserschlossanlagen Westfalens. Die heute noch erhaltene Bausubstanz besteht aus fünf Baukörpern, die zwischen 1370 und 1591 entstanden sind. Um 1525 brachte Baumeister Jörg Unkair mit dem Haus 'Braunschweig' den Baustil der Weserrenaissance nach Nordwestdeutschland. Heute dient ein Teil des Schlosses als Konzertsaal, Ausstellungsraum und festlicher Rahmen für das alljährliche Renaissancefest der Stadt.

Wenn Sie wissen wollen, wie der Weg der Menschheit von der Keilschrift bis zum Computer verlaufen ist, sollten Sie sich im Heinz Nixdorf-Museumsforum auf eine spannende Reise durch die Geschichte und Entwicklung der Informationstechnik machen. Spazieren Sie doch einmal durch das Innenleben eines Computers – multimedial und interaktiv.

Heinz Nixdorf-Museumsforum
Fürstenallee 7,
Di.-Fr. 9-18 Uhr,
Sa. + So. 10-18 Uhr

Rheda-Wiedenbrück |
Entzifferbare Altstadt

62 Die Ems und ein Nebenarm legen in der historischen Altstadt von Rheda-Wiedenbrück eine Ehrenrunde ein und umarmen förmlich die prächtigen Fachwerkbauten aus verschiedenen Jahrhunderten. Vor allem die Ackerbürgerhäuser Wiedenbrücks verdienen Ihre Aufmerksamkeit. Auffallend sind das reiche Schnitzwerk, die vielen Ornamente und Figuren mit symbolischer Bedeutung. An manchen Häusern verrät Ihnen die Inschrift das Alter des Bauwerks: Nehmen Sie alle Buchstaben der lateinischen Wörter, die auch eine Zahl darstellen, und addieren Sie diese.

Jenseits der Autobahn finden Sie eine der größten mittelalterlichen Burgen Nordwestdeutschlands: Schloss Rheda. Das sehenswerte Bauwerk bietet mit spätromanischen Tortürmen und Flügelbauten aus der Weserrenaissance und dem Barock gleich mehrere Stilepochen auf einen Blick.

Rheda-Wiedenbrück | Fachwerkzier

Leinewebermuseum
Kleinestr. 11,
Di.-Fr. 10-12,
14-18 Uhr,
Sa. + So. 10-18 Uhr

63 Fachwerk ist mehr als Nostalgie, es ist die gelungene Verbindung von funktionaler Bauweise und der Möglichkeit zur Repräsentation. Gleich zwei historische Altstädte bieten Ihnen hier die Chance, diese Charakterisierung zu studieren. Das historische Rathaus Wiedenbrück, 1619 errichtet, beschwört in den Inschriften der Balken die Bedeutung des Friedens. Im Heimatmuseum erfahren Sie auch einiges über den Einfluss der Wiedenbrücker Bildhauerschule. Die calvinistisch geprägten Häuser Rhedas zeigen sich zurückhaltender in Ornamentik und Schmuck, Bibelzitate sind der wesentliche Zierrat dieser Fachwerkbauten. Schauen Sie auch mal nach unten: Das Straßenpflaster vor manchen Häusern verrät, welches Handwerk hier ausgeübt wurde. Und im Leinewebermuseum können Sie die Geräte zur Flachsverarbeitung unter die Lupe nehmen.

Oelde-Stromberg | Professionelles Laienspiel

64 12. Juli 1925: Zwischen Stromberg und Oelde wird die Hauptstraße gesperrt, Menschenmassen drängen vom Bahnhof Oelde über den Asphalt durch den Buchenwald. Glocken läuten – ein Dorf steht Kopf. Dann endlich ertönt der Ruf "Jedermann!". So ähnlich liest es sich in der Chronik der Burgbühne Stromberg, einer der schönsten Freilichtbühnen des Landes. Die Laiendarsteller agieren auf den Stufen der gotischen Kreuzkirche. Darüber hinaus lohnt ein Besuch des Burghofes mit dem ältesten Burgmannshaus Westfalens aus dem 15. Jahrhundert.

Die Kirche dient aber nicht nur als Kulisse für Klassiker der Theatergeschichte, sondern seit über 800 Jahren auch als Wallfahrtskirche. Verehrt wird das Stromberger Kreuz, ein romanisches Holzkruzifix mit einem Silbermantel aus dem 11. Jahrhundert, das zu den ältesten Christusdarstellungen in Westfalen zählt.

Oelde-Stromberg | Reiz à la Schweiz

65 Die Stadt der zahlreichen Kirchen ist Wallfahrtsort und Fremdenverkehrszentrum zugleich. Zentrum Ihres Interesses sollte auch die waldreiche, bergige Umgebung Strombergs sein, die unter dem Namen 'Stromberger Schweiz' zu Recht hohe touristische Erwartungen weckt. Sie haben Gelegenheit, auf komfortable Weise den guten Ruf zu überprüfen. Auf Vorbestellung werden für Sie zwei Pferde vor Kutsche oder Planwagen gespannt. Die Naturschutzgebiete 'Wennhage' und 'Bergeler Wald' zeigen Ihnen Natur in unberührter Schönheit. Das Wasserschloss Vornholz in Ostenfelde und den kulinarisch erfreulichen Weg dorthin macht Ihnen eine 'Pättkestour' von Stromberg aus schmackhaft.

Wadersloh-Liesborn | Werkstatt der Jahrhunderte

66 Auf die geschichtsträchtige Zeit der Abtei Liesborn – einst Frauenstift, dann Benediktinerkloster – weist nur noch der riesige Westturm hin. Die anderen Gebäude sind entweder erneuert oder 'Neubauten' aus dem 17./18. Jahrhundert. So auch das Kloster, seit 1966 viel besuchtes Museum mit z.T. einzigartigen Sammlungen. Kunsthandwerk aus Glas, Silber und Porzellan sowie bäuerliches Kulturgut sind fast 'Alltäglichkeiten', verglichen mit der Kruzifixsammlung, die auch die Entwicklungsgeschichte des Kreuzes dokumentiert. Sie werden staunen über die Wandlungen in Symbolik und Form. Eine rare Kostbarkeit ist der um 1060 entstandene Christuskopf aus Essen-Werden.

Bemerkenswerte Sonderausstellungen, der jährlich stattfindende Handwerkstag und weithin beachtete Museumskonzerte vervollständigen das Angebot dieses vielseitigen Museums.

Museum Abtei Liesborn
Abteiring 8,
Di.-Fr. 9-12,
14-17 Uhr,
Sa. + So. 14-17 Uhr

Teutoburger Wald

Die schönsten Radtouren
für Sie entdeckt

Naturerlebnis und Geselligkeit, Anstrengung und Erholung – dieses Wechsel- und Spannungsverhältnis macht den Reiz einer Fahrradtour aus. Und da neben der sportlichen Betätigung vor allem die Freude am Radfahren nicht zu kurz kommen soll, radelt man auf ausgeschilderten Wegen oder idyllischen Nebenstraßen, streift kleine und große Seen oder begleitet Flüsse und Bäche. Dabei spielt es keine Rolle, ob es sich um einen kurzen Sonntagsausflug, eine anspruchsvolle Tagesfahrt oder um

9 Fahrradtouren

eine mehrtägige Tour mit allen Schwierigkeitsgraden handelt. Was zählt, ist das intensive Erlebnis und nicht so sehr die zurückgelegten Kilometer. Ob man nun allein, mit Freunden oder der Familie unterwegs ist – immer ist auch der Weg das Ziel: Wer mit offenen Augen durch Deutschland radelt, entdeckt reizvoll gelegene Badeseen und gemütliche Biergärten, die unter Schatten spendenden Bäumen zur Rast einladen, oder kleine Museen mit verborgenen Schätzen. Oft grüßen romantische Schlösser und Burgen auf halber Höhe, die mit weiten Ausblicken punkten. Geht es gar zu steil bergauf, darf der Drahtesel auch mal geschoben werden. Dafür weht der Fahrtwind bergab umso kräftiger um die Nase.

In diesem Freizeitführer und in der beigefügten Freizeitkarte werden die schönsten Fahrradtouren vorgestellt. Die abwechslungsreichen Strecken berühren sehenswerte Ausflugsziele und wecken die Freude an Natur, Kultur und Geselligkeit.

Tour 1 | Von Osnabrück bis Diepholz

Länge: 62 km
Dauer: 6 Stunden
Teilstück des ausgeschilderten und 160 km langen Brückenradweges, der bis nach Bremen führt.

Vom historischen Rathaus Osnabrücks fährt man auf der Westroute des Brückenradwegs nach Belm, das mit steinernen Findlingen und Steingräbern alte Kulturspuren offenbart. Über Hitzhausen und unter der beeindruckenden Eisenbahnbrücke bei Ostercappeln hindurch überquert man bei Herringhausen den Mittellandkanal und nimmt Kurs auf Westerfeld, dessen Kronensee zur Pause einlädt. Dann führt die Route über Hunteburg zum Südufer des Dümmer Sees (s. Abb.), anschließend am Ostufer weiter über Lembruch und entlang der Eisenbahnlinie bis zum Zielort Diepholz.

Tour 2 | Else-Werre-Radweg von Gesmold nach Bad Oeynhausen

Länge: 55 km
Dauer: 5,5 Stunden
Der Routenverlauf ist überwiegend flach auf gut ausgebauten Radwegen mit nur wenigen kleineren Steigungen.

Von der Flussteilung bei Melle-Gesmold, wo die Else aus der Hase über die Werre der Weser zufließt, kommt man über Schloss Gesmold nach Melle. Von dort geht es am Segelflugplatz von Gerden, später am Gut Bruchmühlen vorbei nach Bünde, dessen Tabakmuseum einen Besuch wert ist. Wieder auf dem Rad passiert man wenig später die Wehranlage mit der Elsemühle und fährt weiter nach Kirchlengern. Nun verläuft die Route entlang der Werre, man kommt durch Löhne und radelt dann weiter bis zum Werre-Weser-Kuss von Bad Oeynhausen, einem Aussichtspunkt, an dem die Werre in die Weser mündet.

Tour 3 | Auf dem Weser-Radweg von Rinteln bis Petershagen

Länge: 46 km
Dauer: 4,5 Stunden
Ein Teilstück der gern gefahrenen Weserroute. Immer den Fluss in Sichtweite und ohne auffällige Steigungen.

Von der alten Universitäts- und Festungsstadt Rinteln, die beiderseits der Weser liegt, fährt man auf der ausgeschilderten Route flussabwärts über Vlotho zur Porta Westfalica, an der die Weser zwischen Weser- und Wiehengebirge in die norddeutsche Tiefebene fließt. Nun führt die Tour nach Minden, dessen prächtiger Dom eine bemerkenswerte Domschatzkammer besitzt. Nach kurzer Rast an der großen Schlachtschleuse – hier führt der Mittellandkanal über die Weser – radelt man gemütlich weiter nach Petershagen und kann hier zum Schluss der Tour das Schloss der Weserrenaissance besichtigen.

Tour 4 | Steinhagen – Marienfeld – Isselhorst – Steinhagen

4

Länge: **45 km**
Dauer: **4,5 Stunden**
Eine familienfreundliche Rundtour ohne Steigungen auf guten Nebenstraßen und schönen Naturwegen.

Von Steinhagen, das durch seine Brennerei bekannt geworden ist, radelt man zunächst auf der Teuto-Senne-Route. Vorbei an Gut Patthorst bleibt man dann aber auf dem lokalen Radweg, der um Sandforth herum und bis Marienfeld führt. Nach einer Rast im Klosterkomplex des Ortes fährt man nach Isselhorst, biegt dort links ab in Richtung Norden, kommt am Ballon- und Luftschiffhafen vorbei und radelt über Ströhen nach Steinhagen zurück. Nun spricht nichts dagegen, die Doppelkorn-Probe am Ort der Herstellung zu wagen.

Tour 5 | Gütersloh – Rheda-Wiedenbrück – Gütersloh

5

Länge: **40 km**
Dauer: **4 Stunden**
Die flache Familientour führt an vielen Wasserläufen vorbei. Gut ausgebaute und beschilderte Radwege, aber auch kurze Wegstrecken auf Landstraßen sind zu befahren.

Man startet vom Gütersloher Kirchring mit seinen alten Fachwerkhäusern auf der Radroute Hellweg-Weser in westlicher Richtung und kommt über Kattenstroth bis zum Marienshof. Auf dem Moorweg fährt man vorbei am Wasserschloss von Rheda bis zur Flora Westfalica, der schönen Anlage mit Kinderspielplätzen und vielen Einkehrmöglichkeiten. Nach einer Rast führt die Route auf den ausgeschilderten Wegen R 45, GT 22, dem Europa-Radweg R 1 und später dem regionalen Weg GT 20 über Spexard nach Gütersloh zurück.

Tour 6 | Bielefeld – Herford – Bielefeld

Länge: 40 km
Dauer: 4 Stunden
Keine großen Anstrengungen hat man bei dieser Rundtour zu befürchten. Die Wege sind in der Regel gut zu befahren, nur kurz vor Herford gibt's einige schlechtere Wegstrecken.

Von der Stadtmitte Bielefelds startet man auf der ausgeschilderten Wellness-Radroute in Richtung Heeperholz, kommt am Gut Lübrassen vorbei und fährt über Kusenbaum, Lockhausen und Aspe bis zur links abzweigenden Weser-Lippe-Route. Nach Unterquerung der Autobahn erreicht man schon bald das Zentrum von Herford. Eine größere Pause für die Besichtigung der schönen Innenstadt und der Münsterkirche sollte jetzt auf dem Plan stehen. Zurück nach Bielefeld fährt man auf der Regionalroute HF 1, bis diese bei Brake in den Hellweg-Weser-Radweg einmündet. Vorbei am Obersee erreicht man dann wieder die Innenstadt.

Tour 7 | Lemgo – Bad Salzuflen – Lemgo

Länge: 37 km
Dauer: 3,5 Stunden
Diese gemütliche Rundtour verläuft meist auf kleinen Nebenstraßen sowie auf gut ausgebauten und ausgeschilderten Radwegen.

Vom schönen Markt von Lemgo führt die Route über Leese und Retzen nach Schötmar, einem Ortsteil von Bad Salzuflen. Nach kurzem Stopp am Rokokoschloss Stietencron erreicht man schnell die Innenstadt von Bad Salzuflen mit seinem schönen Rathaus im Stil der Weserrenaissance. Aber auch ein Spaziergang durch den Kurpark mit seinem imposanten Gradierwerk aus dem 18. Jahrhundert sollte nicht versäumt werden. Nach dieser Pause fährt man über Pehlen, Matorf und Entrup zurück nach Lemgo. Hier kann man die Rundfahrt mit einem Besuch des Museums der Weserrenaissance im Schloss Brake (s. Abb.) ausklingen lassen.

Tour 8 | Radweg Teuto-Senne von Bielefeld bis Paderborn

Länge: 56 km
Dauer: 5,5 Stunden
Eine nicht anstrengende Streckentour durch die ebene Senne. Ein Großteil der Route ist mit einem rautenförmigen grün-weißen Schild gekennzeichnet.

Vom Bahnhof in Bielefeld fährt man auf dem regionalen Radweg nach Brackwede und erreicht dort den Radweg Teuto-Senne. Über Windelsbleiche kommt man nach Senne, unterquert die A 2 und fährt über Eckardtsheim zum Schloss Holte. Nach einer kurzen Rast führt die Route durch Wald und Feld, vorbei an kleinen Gewässern, durch Hövelhof und weiter an den Lippesee, der mit seinem Freibad ein gern besuchtes Freizeitziel ist. Über Schloss Neuhaus und dem Padersee erreicht man bald die Innenstadt von Paderborn. Im Bahnhof bucht man dann die Rückfahrt mit der Bahn.

Tour 9 | Detmold – Externsteine – Bad Driburg

Länge: 38 km
Dauer: 4 Stunden
Eine anstrengende Tour durch den südlichen Teutoburger Wald auf gut ausgebauten Radwegen.

Nach der Besichtigung des Residenzschlosses verlässt man Detmold in Richtung Hermannsdenkmal, von dessen Empore man einen weiten Blick ins Lipper Land genießt. Danach führt die Route um den Stemberg herum bis zu den Externsteinen, den schroffen Felsen in der Landschaft. Anschließend radelt man bergauf und bergab weiter, erreicht die Silbermühle und die Velmerstot-Berge und fährt direkt in Richtung Rehberg. Nun ist es nicht mehr weit bis nach Bad Driburg. Einen schönen Blick auf die Stadt hat man vom Kaiser-Karl-Turm in den Ruinen der Iburg. Nach Detmold zurück geht's mit der Bahn.

Impressum

Bildnachweis

Titelbild: Studio Lang, Ostfildern
Fotos Ausflugsziele: Bildagentur Huber (Aufmacherfoto); Dümmermuseum Lembruch Nr. 2; Gemeinde Bissendorf Nr. 13; W. Kern Nr. 8; Lippisches Forum der Künste, Extertal Nr. 41; Museumseisenbahn Minden e.V. Nr. 5; Osnabrück-Marketing und Tourismus GmbH Nr. 10 + 11; W. Otto Nr. 56; Potts Park, Minden Nr. 25; R. Schenk-Kern Nr. 3, 4, 6, 12, 18, 20, 21, 26, 27, 28, 33, 34, 36, 37, 39, 40, 48, 49, 51, 52, 59, 61; Stadtverwaltung Enger Nr. 19; Uhrenmuseum Iburg/ Taschenmacher Nr. 43; Verkehrsverein Lemgo Nr. 38; Verkehrsverein Paderborn Nr. 60; alle übrigen Fotos Mairs Geographischer Verlag
Fotos Radtouren: R. Schenk-Kern, S. 42 + 44; Studio Lang S. 43, 45 + Aufmacherfoto

Impressum

Allianz Freizeitführer

Redaktion: Radegunde Schenk-Kern
Kartografie: Mairs Geographischer Verlag, Ostfildern
Gestaltung: red.sign, Stuttgart
Layout: Studio Lang, Ostfildern

Die Angaben in diesem Freizeitführer, insbesondere die Anschriften und Öffnungszeiten, wurden sorgfältig geprüft. Für die Richtigkeit der Angaben kann trotzdem keine dauerhafte Gewähr übernommen werden. Die in dieser Broschüre vorgestellten Radtouren basieren auf Vorgaben der Kompass-Radwanderführer, erschienen im Deutschen Wanderverlag.